12 dec. 1884

CATALOGUE

DE

LIVRES RARES

ANCIENS ET MODERNES

PROVENANT DE LA

BIBLIOTHÈQUE DE M. F. P.

PARIS

A. DUREL, LIBRAIRE

9 ET 11, PASSAGE DU COMMERCE, 9 ET 11

21, RUE DE L'ANCIENNE-COMÉDIE, 21

1884

La Librairie A. DUREL

Fait paraître chaque mois un Catalogue

DE

LIVRES ANCIENS

ET MODERNES

RARES

CURIEUX ET SINGULIERS

EN TOUS GENRES

EN VENTE AUX PRIX MARQUÉS

Ces Catalogues sont envoyés *franco* à toute personne qui en fait la demande par lettre affranchie.

Paris. — Typ. G. Chamerot, 19, rue des Saints-Pères. — 16975.

CATALOGUE

DE

LIVRES RARES

ANCIENS ET MODERNES

LA VENTE AURA LIEU

Le vendredi 12 décembre 1884

A deux heures précises

HOTEL DES COMMISSAIRES-PRISEURS, RUE DROUOT

SALLE N° 7, AU 1er ÉTAGE

Par le ministère de Me MAURICE DELESTRE, commiss.-priseur
rue Drouot, 27

Assisté de M. A. DUREL, libraire, 9 et 11, passage du Commerce
21, rue de l'Ancienne-Comédie

CONDITIONS DE LA VENTE

La vente se fait au comptant.

Les acquéreurs payeront 5 p. 100 en sus des enchères applicables aux frais.

Les livres devront être collationnés sur place dans les vingt-quatre heures de l'adjudication. Passé ce délai, ou une fois sortis de la salle de vente, ils ne seront repris pour aucune cause.

M. A. DUREL, **chargé de la vente, remplira les commissions des personnes qui ne pourraient y assister.**

M. A. DUREL se réserve la faculté de réunir en un seul lot tels articles du Catalogue qu'il jugera utile à l'intérêt de la vente.

Paris. — Typ. G. Chamerot, 19, rue des Saints-Pères. — 16975.

CATALOGUE

DE

LIVRES RARES

ANCIENS ET MODERNES

PROVENANT DE LA

BIBLIOTHÈQUE DE M. F. P.

PARIS

A. DUREL, LIBRAIRE

9 ET 11, PASSAGE DU COMMERCE, 9 ET 11

21, RUE DE L'ANCIENE-COMÉDIE, 21

—

1884

AVIS

Les personnes qui ne pourraient assister à la vente peuvent s'adresser à M. A DUREL, qui se chargera de les représenter et remplira exactement les commissions qu'on voudra bien lui confier.

CATALOGUE

DE

LIVRES RARES

ANCIENS ET MODERNES

PROVENANT DE LA

BIBLIOTHÈQUE DE M. F. P.

THÉOLOGIE

I. ÉCRITURE SAINTE

1. Le Nouveau Testament de Nostre-Seigneur Jésus-Christ, traduit en françois selon l'édition vulgate, avec les différences du grec (par Arnauld, Sacy et Nicole); nouvelle édition, reveuë et corrigée. *A Mons, chez Gaspard Migeot, à l'enseigne des Trois Vertus,* 1672, 2 vol. pet. in-8, vélin blanc, fil. dos orné, doublé de mar. r. dent. tr. dor. fermoirs en acier bruni.

Un grattage sur les plats de la reliure.

2. **Histoire évangélique, confirmée par la jvdaïque**

et la romaine, par le R. P. dom Paul Pezron. *Paris, Jean Boudot,* 1696, 2 vol. in-12, front. et carte, mar. vert, fil. dos orné, tr. dor. (*Rel. anc.*)

3. Qvadrins historiqves de la Bible (par Claude Paradin), revuz et augmentez d'un grand nombre de figures. *A Lion, par Ian de Tovrnes,* 1560, pet. in-8 de 5 ff. prél. et de 115 ff. orné de 231 figures sur bois par Bernard Salomon, dit le Petit Bernard, parch.

4. Qvadrins historiqves de la Bible (par Claude Paradin), revuz et augmentez d'un grand nombre de figures. *A Lion, par Ian de Tovrnes,* 1560. — Figvres du Novveav Testament. *A Lion, par Ian de Tovrnes,* 1559. — Ensemble 1 vol. pet. in-8, fig. veau br. fil. dos orné, tr. dor. (*Koehler.*)

5. SENTIMENS D'UNE AME TOUCHÉE DE DIEU, tirés des Pseaumes de David, ou Paraphrase morale de plusieurs pseaumes en forme de prières, par M. Massillon, évêque de Clermont. *Paris, chez la veuve Estienne et fils*, 1747, 2 vol. in-12, mar. bleu, fil. à fr. dent. int. tr. dor. (*Rel. anc.*)

Bel exemplaire. Aux armes de Marie-Josèphe de Saxe, mère de Louis XVI.

6. HEURES A LUSAIGE DE ROME. *Ces presentes heures furent acheveez le XXVII*[e] *iour de Juillet Lan mil cinq cens, pour Simon Vostre*

libraire demourant a Paris a la rue neuue Nostre Dame a lenseigne de sainct Jehan leuangeliste. (Sur le titre la marque de Philippe Pigouchet), in-8 goth. de 90 ff. sign. *a-k.* par 8 et *l.* par 10, fig. et bordures, mar. br. pet. fers sur les plats, dos orné, tr. dor. ciselée. (*Rel. anc. fatiguée.*)

Ces heures sont ornées de 15 grandes figures et de bordures à compartiments représentant différents sujets de l'Écriture sainte, et de la Danse des morts avec des inscriptions en latin et en français.

Une brûlure au feuillet b. ii.

7. Orationi che si deveno recitare nel nostro Oratorio di S. Giuseppe di Terra Santa in ciasched[a] Torn[ta]. *S. l. n. d.* in-4, mar. r. dent. petits fers sur les plats, dos orné, tr. dor. (*Rel. italienne du XVIIe siècle.*)

Manuscrit de 12 ff. non chiffrés sur vélin. Jolie reliure.

II. THÉOLOGIENS

8. Les Confessions de saint Avgvstin, traduites par le sieur de Ceriziers, aumosnier du Roy, cinquiesme edition. *Paris, chez la veuve Iean Camvsat et Pierre le Petit,* 1647, pet. in-12, front. gr. v. f. fil. dos orné, tr. dor. (*Niédrée.*)

9. Exercices de l'âme, pour se disposer aux sacremens de pénitence et d'eucharistie, par M. l'abbé Clément, abbé de Marcheroux, aumônier et

prédicateur ordinaire du roi de Pologne, etc. Nouvelle édition revue et augmentée. *Paris, veuve Desaint,* 1775, in-12, mar. vert, dent. dos orné, tr. dor. (*Rel. anc. avec armoiries.*)

10. Lettres de piété et de direction écrites à la sœur Cornuau, par Bossuet, suivies du Traité de la Concupiscence par le même, et précédées d'une préface par M. Silvestre de Sacy. *Paris, J. Techener,* 1857, 2 vol. in-16, mar. vert foncé, fil. à froid, ornem. sur les plats, dos orné, dent. int. tr. dor.

11. Catéchismes, ou Abrégés de la doctrine chrétienne (par J. Trollé de la Chetardie). Imprimés par l'ordre de Mgr et Révérendiss. P.P. archevêque de Bourges, pour être seuls enseignés dans son dioceze. *A Bourges, Franç. Toubeau,* 1703, 2 vol. in-8, front. gr. mar. r. fil. comp. dos orné, tr. dor. (*Rel. anc.*)

Aux armes de Godet Desmarais, évêque de Chartres, confesseur de Mme de Maintenon.

12. Sermons choisis sur divers sujets, par feu messire François de Salignac de La Motte Fénelon. Nouvelle édition revue sur l'original de l'auteur. *Paris, Flor. Delaulne,* 1718, in-12, mar. noir, tr. dor. (*Rel. anc.*)

Couronne de marquis et chiffres DD. sur les plats de la reliure.

13. Explication des maximes des saints sur la vie intérieure, par messire François de Salignac Fé-

nelon. *Paris, Aubouin et Clousier*, 1697, in-12, v. f. fil. dos orné, dent. int. tr. dor. (*Chambolle-Duru.*)

Édition originale. On sait que l'ouvrage fut condamné et qu'il causa la disgrâce de l'auteur. On ne le trouve, que je sache, dans aucune des collections des œuvres de Fénelon, si ce n'est dans celle en 3 vol. gr. in-8. (*Brunet.*)

On a ajouté au commencement de ce volume une note manuscrite de 8 pages du comte L.-Clément de Ris, 1866. Bel exemplaire à ses armes.

14. Relazione intorno al Quietismo, composta in Franzese, da Monsignor Vescovo di Meaux consigliere ordinario di Stato, già precettore del Serenissimo Delfino, e oggi primo Limosiniere di Madama la Duchessa di Borgogna. *In Parigi, Anissone*, 1698, in-8, mar. r. fil. dos orné, tr. dor. (*Rel. anc.*)

Aux armes du cardinal Delphini (de Venise).

15. Remarques sur la réponse de M. l'archevêque de Cambrai à la Relation sur le quiétisme, par messire J.-B. Bossuet. *Paris, J. Anisson*, 1698, in-12, veau gr.

Édition originale dans sa première reliure.

16. **PENSÉES DE M. PASCAL** sur la religion et sur quelques autres sujets, qui ont esté trouvées après sa mort parmy ses papiers. *A Paris, chez Guill. Desprez*, 1670, in-12 de 40 ff. prélim. non chiffrés, 334 pp. et 10 ff. pour la table.

mar. br. jans. dent. int. tr. dor. (*Trautz-Bauzonnet.*)

Très bel exemplaire.

Cette édition passe pour être la première, parce que le privilège placé au verso du 39e f. prélim. porte : « Achevé d'imprimer pour la première fois le 2 janvier 1670. »

SCIENCES ET ARTS

I. PHILOSOPHIE. — MORALE POLITIQUE

17. Œuvres philosophiques de M. D*** (Diderot). *Amsterdam, chez Rey*, 1772, 6 vol. in-8, fig. br. (*Mouillures.*)

Fleuron, frontispice et 6 jolies figures non signées dans le tome V (*les Bijoux indiscrets*).

18. **ESSAIS DE MICHEL, SEIGNEVR DE MONTAIGNE.** Cinquiesme edition, augmentee d'un troisiesme liure et de six cens additions aux deux premiers. *A Paris, chez Abel L'Angelier*, 1588, *avec privilege du Roy, daté du 4 juin* 1588, in-4 de 496 ff. chiffrés, frontispice gravé, v. f. fil. dos orné. (*Rel. anc.*)

Aux armes de Le Clerc de Lesseville.

C'est dans cette édition, la dernière publiée du vivant

de l'auteur, que parut pour la première fois le troisième livre des *Essais*. Quoique le frontispice de cette édition l'annonce comme la cinquième, on n'a pu encore constater que trois éditions d'une date antérieure à 1588. (*Brunet.*)

19. De la Sagesse, trois livres, par Pierre Charron, suivant la vraye copie de Bourdeaux. *Amsterdam, chez Louis et Daniel Elzevier*, 1662, pet. in-12, front. gr. mar. r. fil. dos orné, tr. dor. (*Rel. anc.*)

Bel exemplaire, dans une reliure bien fraîche et bien conservée. Hauteur : 128 millim.

20. Reflexions ou Sentences morales (du duc de La Rochefoucauld). Sixième édition augmentée. *Paris, Claude Barbin,* 1693, in-12, veau gran. dos orné.

Cette édition, outre quelques augmentations, contient le *Discours de Segrais,* qui avait été supprimé dans les éditions postérieures à celles de 1665.

21. Maximes et Réflexions morales du duc de La Rochefoucauld. *A Paris, de l'imprimerie de Monsieur,* 1782, in-16, v. f. fil. dos orné, tr. dor.

Jolie édition donnée par Suard.

22. Œuvres morales de La Rochefoucauld. *Paris, H. Plon*, 1869, in-16, mar. br. fil. dos orné, dent. int. tr. dor. (*Allô.*)

Bel exemplaire sur papier vergé, de la collection du prince impérial (tiré à 300 exemplaires numérotés).
Exemplaire de M. de Marescot.

23. Les Caractères de Théophraste, avec les Caractères ou les Mœurs de ce siècle, par M. de La Bruyère. Nouvelle édition. *Londres (Cazin)*, 1784, 3 vol. in-16, portr. gr. par Delvaux, veau porph. fil. dos orné, tr. dor.

24. Recherches politiques tres curieuses tirées de toutes les histoires tant anciennes que modernes (traduites des *Disquisitiones politicae* de Boxhornius, par Fr. Savinien d'Alquié). *Amsterdam, chez Gasparus Commelin (Elzevier)*, 1669, pet. in-12 réglé, 6 ff. prélim. 435 et 8 pp. mar. r. fil. dos orné, tr. dor. (*Rel. anc.*)

25. Le Corps politiqve, ov les elements de la loy morale et civile, avec des Reflections sur la loy de nature, sur les serments, les pacts, et les diverses sortes de gouvernemens; leurs changemens et leurs revolutions, par Thomas Hobbes. *A Leide, chés Jean et Daniel Elsevier*, 1653, pet. in-12. (*Lavé et encollé, préparé pour la reliure.*)

26. L'Utopie de Thomas Morus, chancelier d'Angleterre, traduite nouvellement en françois, par M. Gueudeville. *A Leide, Pierre Vander*, 1715, in-12, front. et figures, mar. rouge, fil. dos orné, tr. dor. (*Rel. anc.*)

Bel exemplaire.

27. Le Parfait Covrtisan dv comte Balthasar, Castillonois, es deux langues, respondans par deux colomnes, l'une à l'autre, pour ceux qui veulent auoir l'intelligence de l'une d'icelles.

De la traduction de Gabriel Chapvis Tourangeau. *A Paris, par Nic. Bonfons,* 1585, pet. in-8 de 16 ff. prélim. 678 pp. et de 15 ff. de table non chiffrés, parchemin. (*Légères piqûres de vers et quelques raccommodages dans le bas de la marge.*)

28. **ARISTIPPE**, ou de la Cour, par M. de Balzac. *A Amsterdam, chez Daniel Elzevier,* 1664, pet. in-12, front. gravé, mar. bl. jans. dent. intér. non rog. (*Motte.*)

Bel exemplaire. Willems n° 1332.

29. De la Prostitution dans la ville de Paris, considérée sous le rapport de l'hygiène publique, de la morale et de l'administration : ouvrage appuyé de documents statistiques puisés dans les archives de la préfecture de police, par A.-J.-B. Parent-Duchâtelet ; troisième édition complétée par des documents nouveaux et des notes par MM. A. Trébuchet et Poirat-Duval, suivie d'un Précis hygiénique, statistique et administratif sur la prostitution dans les principales villes de l'Europe, avec cartes et tableaux. *Paris, J.-B. Baillière et fils,* 1857, 2 vol. in-8, portr. demi-rel. veau fauve, fil. à fr. dos orné.

Bel exemplaire.

II. BOTANIQUE. — MÉDECINE. — MAGIE

30. Secretorvm agri enchiridion primvm, hortorvm cvram, auxilia, secreta et medica praesidia

inuentu prompta, ac paratu facilia. Libris tribus pulcherrimis complectens Avtore Antonio Mizaldo Monlveiano. — De Hortensivm arborvm insitione opvscvlym, Antonii Mizaldi Monlvciani... *Lutetiae, apud F. Morellum, in vico Bellouaco, ad vrbanam Morum,* 1560. — Ensemble 1 vol. in-8, mar. vert, fil. à compart. dos orné. tr. dor. (*Rel. anc.*)

31. Aretaei Cappadocis medici lib. VII. Rvffi Ephesii de hominis partib. lib. III. Ivnio Pavlo Crasso Patavino interprete : accessere que Crassus nò vertit. Aretaei aliquot capita : Rufli liber de vesicae ac renum affectib. : Eiusdem de medicamentis purgatibus : Adnotationes locorum in quibus ab interprete graecae discrepant, authore G. M. *Parisiis, apud Guill. Morelium et Jacobum Puteanum,* 1554, pet. in-8 réglé, mar. cit. petits fers à fr. sur les plats et le dos, tr. dr. (*Rel. anc.*)

32. Histoire prodigieuse et lamentable de Jean Fauste, grand magicien, avec son testament, et sa vie epouventable. *Cologne, chez les héritiers de Pierre Marteau,* 1712, pet. in-12, front. gr. par Harrewyn, mar. bl. jans. dent. intér. tr. dor. (*Lemardeley.*)

Rare.

III. BEAUX-ARTS

CALLIGRAPHIE. — DESSIN. — GRAVURE COSTUME

33. Poecilographie ou diverses escritures propres pour l'usage ordinaire, avec une methode pour les bien apprendre, par de Beaugrand, Parisien, secretaire ordinaire de la chambre du Roy, escrivain de la Royne et Me juré à Paris. *Paris,* 1602. in-4, mar. grenat, fil. à fr. dent. int. tr. dor. (*Lortic.*)

34. Le Parauimphe de lescriture ronde, financiere et italienne de nouvelle forme prompte... Enrichies de divers traictz des inventions de François Desmoulins, escrivain, le tout faict et gravé par luy mesme à Molins en Bourbonnois le second jor de janvier 1625. *A Lyon, s. d.*, in-4, titre et planches grav. vélin.

35. Fregi e Majuscole incise e fuse da Giambattista Bodoni direttore della stamperia reale. *Parma, nella stamperia stessa* 1771, in-8, mar. r. fil. enc. dos orné, tr. dor. (*Rel. anc.*)

36. Œuvres choisies de Gavarni, revues, corrigées et nouvellement classées par l'auteur, avec des notices en tête de chaque série, par Th. Gautier, Laurent-Jan, Barthet, de Soubiran et P.-J. Stahl. *Paris, Hetzel, Garnier frères*, 1846-1848, 4 vol. gr. in-8, fig. demi-rel.

37. **Les Joyaux**, fantaisie par Gavarni, texte par Méry, Minéralogie des dames par le Cte Fœlix. *Paris, G. de Gonet, s. d.*, gr. in-8, fig. cart.

38. **Les Gravures françaises du XVIIIe siècle**, ou Catalogue raisonné des estampes, eaux-fortes, Pièces en couleur, au bistre et au lavis, de 1700 à 1800, par Emmanuel Bocher (deuxième fascicule). Catalogue raisonné de l'œuvre de P.-Ant. Baudouin, avec une reproduction héliographique, d'après le procédé Durand, d'une des planches les plus rares de l'œuvre, communiquée par M. Michelot. *Paris, Librairie des bibliophiles*, 1875, in-4, broché.

Exemplaire sur papier vergé, avec envoi d'auteur signé.

39. **Recueil de cent sujets de divers genres**, composés et gravés à l'eau-forte par J. Duplessis-Bertaux. *Paris*, 1814, in-4, obl. demi-rel. veau br. non rog.

Ouvrage rare, surtout en cet état.

40. **Recueil de 45 planches du Traité de géométrie théorique et pratique à l'usage des artistes**, par Sébastien Le Clerc. 1 vol. in-8, v. marb. dos orné.

Au bas de chacune des planches, se trouve une vignette de Cochin fils ou de Chedel, représentant des paysages.

41. **Suite de 33 figures de Punt et 1 portrait pour illustrer les œuvres de Molière.** 1740, pet. in-12. (*Belles épreuves.*)

42. DESSINS ET EXPLICATIONS de toutes les vignettes et culs-de-lampe qui se trouvent dans les ouvrages de Nicolas Boileau-Despréaux, gravées et publiées à diverses fois, par Bernard Picart, copiées par David Herliberger. *A Zurich*, 1743, in-4, obl. 1 front. et 25 fig. gr. par Herliberger, cart. non rog.

43. Suite de 6 vignettes de Eisen, grav. par N. Le Mire, Aveline, De La Fosse.

Tirages à part.

44. LES MÉTAMORPHOSES DE MELPOMÈNE ET DE THALIE, ou Caractères dramatiques des Comédies françoise et italienne. *Paris, chez l'auteur, s. d.* (1780), petit in-4, cart. non rog.

Ouvrage orné d'un front., d'une table et de 23 planches représentant les acteurs et actrices dans leur principal rôle, dessinés d'après nature par Whirsker.
Anciennes épreuves. Bel exemplaire bien complet.

45. Contes de La Fontaine. Les vingt estampes dessinées par Fragonard et Touzé pour l'édition de P. Didot l'aîné, Paris, 1795, réduites et gravées à l'eau-forte par T. de Mare, troisième état. (Avant lettre. Hollande.) *Paris, L. Conquet*, 1881.

Suite de 22 pièces, 1 portrait, 1 frontispice et 20 figures AVANT LETTRE.

46. Contes de La Fontaine. Les vingt estampes dessinées par Fragonard et Touzé pour l'édition de P. Didot l'aîné, Paris, 1795, réduites et gra-

vées à l'eau-forte par T. de Mare, premier état. (Eaux-fortes pures.) *Paris, L. Conquet,* 1881.

Suite de 22 pièces sur japon, 1 portrait, 1 frontispice et 20 eaux-fortes, 1er état, bon à tirer, signature du graveur.

47. Suite de 51 vignettes et portrait gravés à l'eau-forte par Foulquier, pour illustrer les Fables de La Fontaine en 2 vol. gr. in-8, édition Mame.

48. DIVERSARUM NATIONUM HABITUS centum et quatuor iconibus in aere incisis diligenter expressi item ordines duo processionum, unus symmi pontificis alter sereniss. principis Venetiarum, opera Petri Bertellii. *Apud Alciatum Alcia et P. Bertellium Patavii,* 1594-1596, 3 part. en 1 vol. pet. in-8, vélin. (*Rel. anc.*)

Recueil très recherché et rare, surtout avec la troisième partie, dont on connaît à peine deux ou trois exemplaires.

Exemplaire auquel il manque : dans la première partie, 10 planches; dans la deuxième partie, 2 ff. de dédicace et 4 planches; dans la troisième partie, 1 planche.

Mouillures.

IV. CHASSE

49. LA FAVCONNERIE DE CHARLES D'ARCVSIA, seignevr d'Esparron de Pallieres, et de Courmes, gentilhomme provençal, divisée en qvatre parties, troisiesme édition, reueuë, corrigée et augmentée de toute la troisiesme partie,

laquelle contient plusieurs advis, instructions utiles, et receptes necessaires sur ce mesme subject, av magnanime Henry IIII, roy de France et de Navarre. *A Paris, chez Iean Hovzé*, 1605, in-8, figures en bois, vélin. (*Rel. anc.*)

BELLES-LETTRES

I. AUTEURS GRECS ET LATINS

50. Proiect dv livre intitulé **De la precellence du langage françois, par Henri Estienne.** Le livre au lecteur :

Je suis ioyeux de pouuoir autant plaire
Aux bons François, qu'aux mauuais veux desplaire.

A Paris, par Mamert Patisson, Imprimeur du Roy, M. D. LXXIX. *Auec priuilege dudict seigneur*, 1 vol. pet. in-8 de 16 ff. prélim. et de 295 pp. mar. br. jans. dent. int. tr. dor. (*Thibaron-Joly.*)

Bel exemplaire sur papier fort. Ouvrage rare et très recherché.

51. **Conciones et Orationes ex historicis latinis excerptae. Argumenta singulis praefixa sunt,**

quæ causam cujusque et summam ex rei gestae occasione explicant. Opus recognitum recensitumque in usum scholarum Hollandiae et Westfrisiae. Ex decretò Illustriss. D. D. Ordinum ejusdem Provinciae. *Amstelodami, apud Ludovicum Elzevirium,* 1652, pet. in-12, mar. r. fil. comp. dos orné, tr. dor. (*Rel. anc.*)

52. L'Odyssee d'Homere, ov les Avantvres d'Vlysse en vers burlesques (par H. de Picou). *A Paris, chez Tovssainct Qvinet,* 1650, pet. in-4 de 11 ff. prélim. 76 pp. chiffrées, fig. cart.

Cette édition ne contient que les premier et second livres du poème grec; elle est ornée de deux gravures de Chauveau.

53. Le Virgile travesty en vers bvrlesqves de Monsieur Scarron, dedié à la Reyne. *A Paris, chez Tovssainct Qvinet et Gvillavme de Lvyne,* 1648-1653, 7 part. en 1 vol. in-4, frontispices et fig. grav. vélin.

Les livres deux à sept sont de l'édition originale; le premier, sous la date 1653, *Guillaume de Luyne*, est de la réimpression.

Manque le frontispice du septième livre.

54. BRANDT. NAVIS STULTIFERE collectanea ad Jodoco Badio Ascensio vario carminum genere non sine eorumdem familiari explanatione conflata. *Parisiis in vico Sancti Jacobi sub signo Pellicani* (*Marnef*), 1515, pet. in-4 de 108 ff. pet. caractères goth. fig. en bois, mar. br. fil. ornem. à fr. fil. int. tr. dor. (*Gruel.*)

Les gravures sont coloriées.

II. POÈTES FRANÇAIS

1. DEPUIS LES ORIGINES JUSQU'A NOS JOURS

55. Œuvres de François Villon : avec les remarques de diverses personnes (Eusèbe de Laurière, Le Duchat et de Formey). *La Haye, Adr. Moetjens*, 1742, pet. in-8, mar. rouge, jans. dent. int. tr. dor. (*Chambolle-Duru.*)

Cette édition est préférable à celle de Coustelier, parce que l'éditeur y a joint de nouvelles notes, quelques fragments inédits, des mémoires touchant Villon, par Prosp. Marchand, et une lettre critique extraite du *Mercure* de février 1724.

Bel exemplaire en grand papier, relié sur brochure.

56. Poésies de Marguerite-Éléonore-Clotilde de Vallon-Chalys, depuis Madame de Surville, poète français du XVe siècle ; nouvelle édition publiée par Ch. Vanderbourg, ornée de gravures dans le genre gothique, d'après les dessins de Colin, élève de M. Girodet. *Paris, Nepveu*, 1824, in-8, front. et fig. veau fauve, fil. dos orné, tr. dor.

Bel exemplaire.

57. Les Œuvres de maistre Gvillavme Coqvillart, en son vivant official de Reims, nouuellement reueuës et corrigées. *A Paris*, 1546, *de l'imprimerie de Ieanne de Marnef*, in-16 de 112 ff. non chiffrés, sig. A.-O., rel. veau br. tr. r.

Les petites œuvres annoncées dans la table ne sont pas

plus dans cette édition que dans les précédentes ; mais on a placé à la fin de celle-ci : *Les trois blasons de Pierre Danche*.

58. La Vie de Saint Iehan-Baptiste (*sans lieu ni date*), in-8, goth. de 4 ff. non chiffrés, mar. br. jans. dent. int. tr. dor. (*Lortic*.)

Édition imprimée en caractères gothiques, vers la fin du xve siècle ; sur le premier feuillet, une figure sur bois, représentant saint Jean-Baptiste.

59. HEURES DE NOSTRE DAME translatees de latin en francoys et mises en ryme, additionnee de plusieurs chants Royaulx figurez et moralisez sur les mysteres miraculeux de la passio de nostre redempteur Jesuchrist, avec plusieurs belles Oraisons et Rondeaux contemplatifs composez par Pierre Gringoire, dict Vaudemont, herault darmes de treshault et vertueux Prince monseigneur le duc de Lorraine, de Bar et de Calabre, par le commandement de haulte et noble Princesse ma Dame Reynee de Bourbo, Duchesse de Lorraine, avec nouueau Privilege, proroge audit Pierre Gringoire iusques a quatre ans ensuyuans comme il appert cy apres. *On les vend à Paris en la Rue Sainct Jacques en la maison de Jehan Petit*, 1527, in-4, mar. br. jans. dent. int. tr. dor. (*Thibaron-Joly*.)

Bel exemplaire orné de grandes gravures sur bois.

60. Les Œuvres de Clément Marot, de Cahors, valet de chambre du Roy, reveuës et augmentées de nouveau. *A La Haye, chez Adrian Moet-*

jens, 1700, 2 vol. pet. in-12, v. f. fil. dos orné, tr. dor.

Jolie édition, la plus recherchée, avec le même fleuron sur les titres.

61. LA BERGERIE DE R. BELLEAV, divisee en vne premiere (et une seconde journee). *A Paris, chez Gilles Gilles,* 1572, pet. in-8, réglé, v. br. dos orné.

Édition originale. Très rare. Vendu 305 francs, vente Guy Pellion.

62. Les Satyres dv sievr Regnier, reueuës et augmentées de nouueau : dediées av Roy. *Paris, Tovssainct dv Bray,* 1612, pet. in-8, parchemin. (*Rel. anc.*)

Édition rare.

63. Œuvres du sieur Gaillard. *Paris, imprime pour l'auteur, ou chez Jacq. Dugast,* 1634, in-8 de 8 ff. prélim. y compris le titre gravé, avec fig. par Callot, 88 et 96 pp. (*Lavé et encollé, préparé pour la reliure.*)

Volume rare et curieux orné du portrait de l'auteur caché sous le nom d'Antoine Gaillard, et qui était certainement un des poètes les plus gais et les plus spirituels de son époque.

64. Le Parnasse royal, où les immortelles actions de Louis XIII sont publiées par les plus celebres esprits de ce temps (par Fr. Le Metel de Boisrobert). *Paris, Séb. Cramoisy,* 1635, 2 parties en

1 vol. in-4, front. gr. vélin blanc, tr. r. (*Lemardeley.*)

La seconde partie renferme les pièces latines sous le titre de *Palmae regiae...*

65. Le Sacrifice des Muses, au grand cardinal de Richelieu (par Fr. Le Metel de Boisrobert). *Paris, Séb. Cramoisy,* 1635, 2 parties en 1 vol. in-4, portr. vélin blanc, tr. r. (*Lemardeley.*)

La seconde partie contient les vers latins sous le titre *Epinicia Musarum.*

66. Les Rimes redoublées de M. d'Assoucy. *Paris, imprimerie de Claude Nego,* 1671, pet. in-12, front. gr. mar. grenat, fil. dos orné, dent. int. tr. dor. (*Bauzonnet-Trautz.*)

Ouvrage fort rare, satirique et burlesque. Cet exemplaire porte la signature de D'Assoucy. A partir de la page 100, la pagination continue 91; c'est 100 qu'il faut ajouter. L'exemplaire de la Bibliothèque de l'Arsenal est tout à fait semblable, seulement il est incomplet du dernier feuillet, lequel ici n'est pas paginé.

Bel exemplaire bien complet provenant de la bibliothèque de M. L. Aimé-Martin.

67. La Pucelle d'Orléans (par Voltaire), poëme heroï-comique en dix-huit chants. *Londres, s. d.,* pet. in-12, veau gr. dos orné.

68. Contes et Poésies diverses de M. de Voltaire. *A La Haye, chez Gosse junior,* 1777, in-16, portr. mar. vert, fil. dos orné, tr. dor. (*Rel. anc.*)

69. Poésies pastorales, par M. Léonard, suivies

de la Voix de la nature, poëme ; des Lettres de Sainville et de Sophie, et d'autres pièces en vers et en prose. *A Genève et à Paris, chez Lejay*, 1771, in-8, frontispice de Marillier, gravé par de Ghendt, vignettes et culs-de-lampe d'Eisen, gravés par Aliamet et de Ghendt, cart. toile, éb.

Bel exemplaire auquel on a ajouté un frontispice avant la lettre, de Marillier, une vignette à l'état d'eau-forte d'Eisen et un tirage à part d'un cul-de-lampe.

70. Œuvres de Gresset, avec le Parrain magnifique. *Paris, Renouard*, 1811, 3 tomes en 2 vol. in-8, veau rac. fil. dos orné, tr. marb.

Bel exemplaire de la meilleure édition qu'on ait de ce poète, orné d'un portrait de Gresset par St-Aubin, et de huit figures par Moreau.

71. Theuriet (André). Sous bois. Nouvelle édition illustrée de soixante-dix-huit compositions de H. Giacomelli, gravées sur bois par Berveiller, Froment, Méaulle et Rouget, préface de Jules Claretie. *Paris, Conquet et Charpentier*, 1883, in-8, broché.

Exemplaire sur papier de Chine.
Publié à 80 francs. Épuisé.

2. CONTES. — SATIRES. — POÉSIES GAILLARDES CHANSONS

72. Recueil des meilleurs contes en vers. *Londres* (*Paris, Cazin*), 1778, 4 vol. in-18, vélin blanc, tr. dor. (*Lemardeley*.)

Ouvrage orné de 1 portrait de La Fontaine et de 116 vignettes ravissantes non signées, attribuées à Duplessis-Bertaux. Le titre des deux premiers volumes porte : *Contes et Nouvelles en vers*, par M. de La Fontaine (ils renferment 64 vignettes). Le 3e a pour titre : *Contes et Nouvelles en vers*, par MM. Voltaire, Vergier, Senecé, Perrault, Moncrif et Ducerceau (21 vignettes). Le 4e a pour titre : *Contes et Nouvelles en vers*, par MM. Grécourt, Autereau, Saint-Lambert, Champfort, Piron, Dorat, de La Monnoye et François de Neufchâteau (il a 28 vignettes).

73. Les Plaisirs de l'amour, ou Recueil de contes, histoires et poëmes galans. *Chez Apollon au Mont-Parnasse* (*Cazin*), 1782, 3 vol. in-16, 1 frontispice et 18 jolies figures non signées, demi-rel. dos et coins de mar. bl. tête dor. non rog. (*La figure des Cerises est remontée.*)

74. CONTES ET NOUVELLES EN VERS, PAR JEAN DE LA FONTAINE. *A Paris, de l'imprimerie de P. Didot l'aîné*, 1795, 2 vol. in-4, figures, vélin blanc, non rognés.

Superbe exemplaire contenant :

1° La suite des vingt gravures de Fragonard, Mallet et Touzé. *Épreuves avant la lettre.*

2° Cinq figures pour la Gageure, la Fiancée, la Clochette, le Juge de Mesle. Épreuves sur papier de Hollande avant la lettre ;

3° La suite des 57 estampes de Fragonard, publiée par M. Rouquette. Épreuves avant toutes lettres ;

4° Le portrait de Fragonard (*deux états*), publié par M. Lefilleul. Épreuves avant la lettre.

5° Seize copies de dessins de Fragonard, appartenant jadis à M. Feuillet de Conches. (Ces dessins sont d'une exécution parfaite.)

Exemplaire provenant de la bibliothèque de M. Guy Pellion, vendu 2.850 francs.

75. Contes de La Fontaine. — Le Cocu battu et content. EAU-FORTE de Fragonard.

Très belle pièce à toutes marges.

76. Idylles, par M. Berquin. *Paris, Ruault*, 1775, 2 vol. in-16, front. et fig. de Marillier. — Romances, par M. Berquin. *Paris, Ruault*, 1776, in-16, front. fig. de Marillier et musique gravée. — Ensemble 3 vol. mar. r. fil. orn. sur les plats, dos orné, dent. int. tr. dor. (*Rel. anc.*)

Belles épreuves, *avant les numéros*.

77. Le Banqvet des Mvses ov les divers satyres dv sievr Avvray, contenant plusieurs poëmes non encores veuës n'y imprimez. — Ensemble est adiousté l'Innocence descouuerte, tragicomedie par le mesme autheur. *A Roven, chez David Ferrand*, 1636, petit in-8 de 4 ff. prélim. et de 408 pp. veau éc. fil. dos orné.

Cet exemplaire a, page 144, le tombeau du Rud'en souppe, que F. Lacroix dit avoir été supprimé et qu'on ne trouve que dans la première édition (1623), même page; il ne contient pas à la fin l'Innocence découverte, tragédie de 52 pages, qui ne se trouve pas dans la première édition.

78. Le Parnasse des poëtes satyriques, ou Recueil de vers gaillards et satyriques de notre temps (recueil attribué à Théophile Viaud). *S. l.*, 1622, 208 pp. — La Quint-essence satyrique, 270 pp. — Ensemble 1 vol. pet. in-8, veau fauve, fil. dos orné, tr. dor. (*Rel. anc.*)

Édition originale du Parnasse des poètes satyriques, contenant un grand nombre de noms des auteurs de ces pièces, noms qui ont été supprimés dans la deuxième édition de 1625 et dans les suivantes.
Manque le titre.

79. Œuvres galantes et littéraires de Mme de Palmarèze. *Paris, chez les Marchands de Nouveautés*, 1792, 3 tomes en 1 vol. in-18, demi-rel. chagr. r. fil. dos orné.

Très rare, l'ouvrage n'ayant été tiré qu'à cent exemplaires.

80. Œuvres badines d'Alexis Piron. *Paris, chez les Marchands de Nouveautés*, 1797, in-16, v. f. fil. dos orné, tr. dor.

Bel exemplaire.

81. Recueil des plus belles chansons et airs de cour, nouvellement imprimés. *A Troyes, chez Jean-Ant. Garnier, s. d.*, in-12, mar. rouge, fil. à fr. tête dor. non rog. (*Duru.*)

Curieux recueil factice de cahiers de chansons populaires, imprimées de 1718 à 1757, par cahiers de

24 pages. L'un d'eux, portant le permis d'imprimer de Berryer, du 23 août 1744, contient sous le titre de chanson nouvelle l'original de la chanson célèbre : « Dans les gardes françoises j'avais un amoureux », avec la réponse à Babet.

82. **Le Petit Chansonnier françois, ou Choix des meilleures chansons, sur des airs connus; troisième édition (par C.-S. Sautreau de Marsy).** *A Genève, et se trouve à Paris, chez la veuve Duchesne,* 1782, 3 vol. in-12, veau porph. fil. tr. marb.

Bon exemplaire avec 3 jolis frontispices dessinés et gravés par Marillier.

III. POÉSIE DRAMATIQUE

83. Antigone, tragédie de M. de Rotrov. *A Paris, chez Tovssaint Qvinet,* 1639, in-4, vélin. (*Mouillures.*)

Édition originale.

84. THÉATRE COMPLET DE J.-B. POQUELIN DE MOLIÈRE, publié par D. Jouaust, préface par M. D. Nisard, portrait et dessins de Louis Leloir, gravés à l'eau-forte par Flameng. *Paris, Librairie des bibliophiles,* 1876-1883, 8 vol. gr. in-8, fig. brochés.

Exemplaire sur papier de Chine.

85. **ŒUVRES DE RACINE.** Tome premier. *A Paris, chez Pierre Traboüillet,* 1687. — Œuvres

de Racine. Tome second. *A Paris, chez Claude Barbin*, 1687. — 2 vol. in-12, fig. mar. bl. jans. dent. int. tr. dor. (*Thibaron-Joly*.)

Très bel exemplaire. Hauteur, 162 millimètres.

86. Pygmalion, scène lyrique de M. J.-J. Rousseau, mise en vers par M. Berquin, le texte gravé par Drouët. *Paris*, 1775, gr. in-8 de 20 pp. compris la préface, titre gravé et 6 charmantes vignettes par Moreau, gravées par Delaunay et Ponce, cartonné. (*Mouillures*.)

Manque le titre.

IV. ROMANS ET CONTES

1. ROMANS DE CHEVALERIE. — ROMANS EN PROSE POÉTIQUE ROMANS DE DIVERS GENRES CONTES ET NOUVELLES

87. Le Premier Livre de la plaisante et delectable histoire de Gerileon d'Angleterre. Contenant les haults faicts d'armes, et cheualeureuses proüesses, auec les amours d'iceluy, et plusieurs memorables aduentures. Nouuellement mis en françois par Estienne de Maisonnevfve Borde-

lois. *A Paris, par Iean Borel,* 1572, *avec privilege dv Roy,* pet. in-8, v. ant. fil. dos orné, tr. dor. (*Mouillures.*)

Première édition du premier livre de ce roman.

Aux armes de Favre (Antoine), chevalier, baron de Peroges, premier président au Sénat de Savoie.

88. L'Histoire de Pierre de Prouuence, et de la belle Maguelonne. *En Anvers, chez Ian de Waesberghe, sur le cimetiere nostre dame à l'Escu de Flandres, sur le marché des toiles,* M.D.LX. pet. in-4 de 21 ff. non chiffrés, mar. rouge, orn. sur les plats, dos orné, dent. int. tr. dor. (*Trautz-Bauzonnet.*)

Bel exemplaire.

Ce roman très souvent réimprimé fut composé dans le XIIe siècle, par un chanoine de Maguelone (alors ville épiscopale près de Montpellier) nommé Bernard de Trévies.

89. Les Amours de Psyché et de Cupidon, suivies d'Adonis, poëme par La Fontaine. *Paris, Leclere fils,* 1863, 2 vol. in-18, portr. et figures d'après Moreau, broché, n. c.

Exemplaire sur papier vélin, tiré à cent exemplaires.

90. Le Temple de Gnide (par Montesquieu). *A Paris, imprimerie de Didot jeune, an III,* 1795, in-18, fig. mar. vert, fil. dos orné, tr. dor. (*Rel. anc.*)

Jolie édition, ornée des charmantes figures de Regnault.

91. Ollivier, poëme (en prose), par Cazotte.

Paris, imprimerie de Pierre Didot l'aîné, an VI (1798). 2 vol. in-18, cart.

Ouvrage orné de 12 charmantes figures par Lefèvre, gravées par Godefroy.

92. Les Femmes comme il convient de les voir, ou Aperçu de ce que les Femmes ont été, de ce qu'Elles sont, et de ce qu'Elles pourroient être (par Mme de Coicy). *A Londres, et se trouve à Paris, chez Bacot,* 1785, 2 tomes en 1 vol. in-16, mar. vert, fil. dos orné, tr. dor. (*Rel. anc.*)

Aux armes de France.

93. **LE ROMANT SATYRIQVE** de Iean de Lannel, escuyer, seigneur du Chaintreau et du Chambort. *A Paris, chez Tovssainct de Bray,* 1624, in-8 de 8 ff. prélim. et de 1,115 pp. mar. bl. jans. dent. int. tr. dor. (*Cuzin.*)

Édition originale, bel exemplaire.
Ce roman est un tableau allégorique des mœurs de la cour de Henri III et de ses successeurs.

94. Le Romant comique de M. Scarron, divisé en deux parties. *Suivant la copie imprimée à Paris,* 1662 et 1663, 2 part. en 1 vol. pet. in-12, front. gr. mar. r. fil. à fr. dent. int. tr. dor. (*Duru.*)

Bel exemplaire. Willems, n° 1807. Note.

95. Les Amours de Sainfroid, Jésuite, et d'Eulalie, fille dévote. Histoire véritable, suivie de quelques Nouvelles nouvelles. *La Haye, chez Isaac vander Kloot,* 1729, pet. in-12, front. gr.

mar. citr. fil. comp. pet. fers sur les plats et le dos, dent. int. tr. dor. (*Allô.*)

Bel exemplaire de l'édition originale.
Rare.

96. **MÉMOIRES ET AVANTURES D'UN HOMME DE QUALITÉ** qui s'est retiré du monde (par l'abbé A.-F. Prévost). *A Amsterdam, aux dépens de la Compagnie*, 1730-1731, 7 vol. pet. in-12, fleurons sur les titres, mar. r. fil. dos orné, dent. int. tr. dor. (*Chambolle-Duru.*)

Bel exemplaire. Le tome VIIe contient l'édition originale de MANON LESCAUT.

97. Mon Odyssée, ou le Journal de mon retour de Saintonge, poëme à Chloé, en IV chants (par Robbé de Beauveset). *A La Haye* (*Paris*), 1760, in-8, fig. demi-rel. v. f. fil. dos orné, tête dor. éb. (*Petit.*)

Orné de charmantes figures de Desfriches, gravées par Cochin, belles épreuves.

98. Les Amusemens des dames de B*** (Bruxelles). Histoire honnête et presque édifiante, composée par feu le chevalier de Ch*****, et publiée par l'auteur du « Colporteur » (Chevrier). *Rouen, Pierre Levrai, cette présente année.* — Les Trois C., conte métaphysique, imité de l'espagnol, et ajusté sous des noms françois, pour la commodité de ceux qui n'entendent pas le flamand, par l'auteur du « Colporteur ». Seconde partie. *A Nanci, H. Gouvert, cette présente année.* — Je m'y attendois bien, histoire

bavarde, par l'auteur du « Colporteur ». *Partout, chez Maculature, imprimeur ambulant des bavards sédentaires, an des méchancetés* (*La Haye*, 1762). — 3 parties en 1 vol. in-12 de 198 pp. mar. vert, fil. à fr. dos orné, dent. int. tête dor. éb. (*Chatelet.*)

99. L'Homme aux quarante écus (par Voltaire). *Paris, avec la permission de la Docte Chambre Sindicale, et de Messeigneurs les Gras Fermiers Généraux*, 1768, in-8 de 2 ff. lim. et 92 pp. mar. r. fil. dos orné, dent. int. tr. dor. (*Rel. anc.*)

Condamné par le Parlement de Paris dès 1768, cet ouvrage ne fut mis à l'*index* à Rome qu'en 1771.

A la suite de ce volume se trouvent les ouvrages suivants : Le Dîner du comte de Boulainvilliers, par Voltaire, 62 pp. — L'Américain sensé, par hazard en Europe, et fait chretien par complaisance (par Charles Bordes, de Lyon), 28 pp. — La Princesse de Babylone (par Voltaire). *Rome*, 1768, 104 pp. — Les Honnêtetés littéraires, etc., etc. *S. l.* 1767, 189 pp.

100. Les Liaisons dangereuses. Lettres recueillies dans une société, et publiées pour l'instruction de quelques autres, par C*** de L*** (Choderlos de La Clos). *Londres* (*Paris*), 1796, 2 vol. in-8, fig. v. rac. fil. dos orné, tr. dor.

Édition la plus recherchée, ornée de jolies figures de Monnet et de Mlle Gérard.

Exemplaire du premier tirage.

101. Œuvres illustrées du bibliophile Jacob (Paul Lacroix). *Paris, J. Bry aîné*, 1851-1858, in-4 à

2 colonnes, avec illustrations par Ed. Vessiot, Célestin Nanteuil, Gustave Doré, Ed. Frère, demi-rel. chagrin noir, non rog.

Les Francs Taupins (1400). — La Danse macabre, histoire fantastique du XIXe siècle. — Le Bon vieux Temps. — La Pipée. — Le Guet. — Le Gueux. — Le Sac. — Le Legs. — La Redevance (1460 à 1497). — Le Roi des Ribauds, histoire du temps de Louis XII. — La Servante de Rabelais. — Une Chasse sous Charles IX. — La Peste. — La Sœur du Maugrabin. — L'Oreille. — Les Marionnettes, etc.

102. Histoire amoureuse des Gaules (par Bussy-Rabutin). *S. l. n. d.*, pet. in-12 de 244 pp. chiffrées. Le Cantique *Que Déodatus est heureux,* est imprimé sur un feuillet intercalaire. A la fin il y a douze pages renfermant : *Copie d'une lettre écrite au duc de Saint-Aignan, par le comte de Bussy, le* 12 *novembre* 1665, mar. r. fil. dos orné, dent. int. tr. dor. (*Cuzin.*)

Le titre gravé représente une Renommée, à la trompette de laquelle est attaché un drapeau portant : *Histoire amoureuse des Gaules.* Alentour se voient cinq Amours, dont l'un décoche des flèches sur la partie d'un globe terrestre qui figure la Gaule. Au bas de la gravure on lit : *Bus inv. Rabut exc.* Les lettres grises prouvent incontestablement que l'édition sort des presses de Foppens.

Cette édition est celle que l'on préfère.

103. HEPTAMÉRON FRANÇAIS. Les Nouvelles de Marguerite, reine de Navarre. *Berne, chez la Nouvelle Société typographique,* 1780-1781, 3 vol. in-8, mar. rouge, fil. dos orné, dent int. tr. dor. (*Lortic.*)

Bel exemplaire orné de 1 frontispice par Dunker,

gravé par Eichler, qui sert à chaque volume; 73 figures par Freudenberg, gravées par Guttenberg, Halbou, Henriquez, de Launay jeune, de Longueil, Le Roy, MMes Duflos et Thiébault; 72 vignettes et 72 culs-de-lampe par Dunker, gravés par lui-même, Eichler, Pillet et Richter.

Dans le tome Ier, après la page 166, la pagination reprend à 161 et continue ainsi jusqu'à la fin.

104. Les Apres-disnees dv Seigneur de Cholieres. *A Paris, chez Iean Richer*, 1588, pet. in-12, mar. r. fil. dos orné, dent. int. tr. dor. (*Lortic*.)

Bel exemplaire de l'édition originale.

105. Le Décaméron françois, par M. d'Ussieux. *Paris, chez Costard*, 1772, 2 vol. in-8, fig. veau porph. fil. dos orné, tr. marb.

Le titre gravé du second volume porte le nom du libraire Dufour; figures, fleurons, vignettes et culs-de-lampe, par Caresme, Clère, Desrais, Eisen et Martini.

2. ROMANS ESPAGNOLS ET ANGLAIS

106. L'Ingénieux Hidalgo Don Quichotte de la Manche, par Miguel de Cervantès Saavedra, traduit et annoté par Louis Viardot, vignettes de Tony Johannot. *Paris, J.-J. Dubochet et Cie*, 1836, 2 vol. gr.in-8, cart. non rog.

107. Le Gvevx, ou la Vie de Gvzman d'Alfarache, image de la vie humaine. En laquelle toutes les fourbes et les meschancetez qui se pratiquent dans le monde, sont plaisamment et utilement

descouuertes. *Paris, Arn. Cottnet,* 1638, 2 parties en 1 vol. in-8, vélin.

Roman d'aventures, très intéressant, composé en espagnol par Matheo Aleman, et traduit en français par Chapelain.

108. Histoire de don Pablo de Ségovie, surnommé l'aventurier Buscon, par don Francisco de Quevedo-Villegas, traduite de l'espagnol et annotée par A. Germond de Lavigne, précédée d'une lettre de M. Charles Nodier. Vignettes de Henri Emy, gravées par A. Baulant. *Paris, Warée,* 1843, in-8, demi-rel. dos et coins de chagrin La Vall. fil. tête dor. éb.

Exemplaire sur papier bleu.

109. Histoire de Tom Jones, ou l'Enfant trouvé, traduction de l'anglois de M. Fielding, par M. D. L. P. (de La Place). Enrichie d'estampes dessinées par M. Gravelot. *A Londres, Jean Nourse,* 1750, 4 vol. in-12, v. marb. tr. r.

V. FACÉTIES

110. Bibliothèque facétieuse historique et singulière, ou Réimpression de pièces curieuses, rares ou peu connues des XVe, XVI e et XVII e siècles, savoir : Regrets funèbres sur la mort du joyeux Rondibilis. Sur l'enlevement des reliques de S. Fiacre, pour la guérison du C.. de Monsieur le Cardinal de Richelieu. La Défense du Pet.

Le Nez pourry de Renaudot. *Paris, A. Claudin*, 1858, in-12, vélin blanc.

Exemplaire sur papier de Chine, tiré à 10 exemplaires.

111. Le Moyen de parvenir, contenant la raison de tout ce qui a été, est et sera (par Beroalde de Verville), dernière édition ; exactement corrigée et augmentée d'une table des matières. *Nulle part*, 100070039, 2 vol. pet. in-12, v. marb.

112. Œuvres complètes de Tabarin, avec les rencontres, fantaisies et coq-à-l'âne facétieux du baron de Gratelard, et divers opuscules publiés séparément sous le nom ou à propos de Tabarin, le tout précédé d'une introduction et d'une bibliographie tabarinique, par Gustave Aventin. *Paris, P. Jeannet*, 1858, 2 vol. in-16, toile rouge, non rog.

De la collection de la Bibliothèque elzévirienne.

113. L'Art de peter, essay théori-physique et méthodique... (par Hurtault, maître de pension). *En Westphalie, chez Florent — Q., rue Pet-en-Gueule, au Soufflet*, 1751, in-12 de 108 pp. veau granit. (*Mouillures*.)

Édition originale, rare.
Exemplaire aux armes de Bullion, marquis de Bonnelles.

114. Discours sur la musique zéphyrienne, adressé aux vénérables crépitophiles. Opuscule facétieux d'Emmanuel Marti, doyen de l'église d'Alone,

texte original accompagné de la première traduction et illustré d'Historiettes crépitantes, par un professeur de basson. *Paris, L. Willem*, 1873, in-8, rel. vélin blanc, dos orné, tête dor. non rog.

Exemplaire sur papier Whatman, tiré à vingt exemplaires.

115. Cuckoldiana, ou Recueil de bons mots, de naïvetés et de quiproquos plaisants de cocus de tous rangs, anciens et modernes, le tout assaisonné d'épigrammes, de chansons et de contes en vers congruants au sujet, par Oscar Ledru, docteur en droit. *A Paris, chez l'éditeur Plumage, rue du Croissant, Ère de Ménélas*, 2869, in-18 de 75 pp. cart.

Ouvrage tiré à cent vingt-cinq exemplaires numérotés, tous sur papier couleur serin.

VI. PHILOLOGIE

CRITIQUE. — SATIRES. — SENTENCES EMBLÈMES. — DEVISES

116. Révélations indiscrètes du XVIIIe siècle, par le cardinal de Bernis, Bossuet, Cabanis, Cérutti, Champcenetz, la marquise du Châtelet, Chénier, Diderot, Duclos, Franklin, M. Garat, Mme Geoffrin, Herault de Séchelles, le R. P. Lachaise, Laharpe, M. Mercier, J.-J. Rousseau, Saint-Martin (l'Illuminé), Thomas, Voltaire, Washing-

ton, etc., etc. Le tout précédé des Confessions, lettre apologétique sur l'état présent de la littérature (par P. R. Auguis). *Paris, Guitel*, 1814, in-18 de 562 pp. demi-rel. veau vert, dos orné.

Exemplaire sur papier vélin, avec les pages 289 à 296, 445 à 496, 529 à 536, 547 à 557 doubles, plus la table des matières et la liste des auteurs qui figurent dans ce recueil.

Rare.

117. Les Odeurs de Paris, par Louis Veuillot. *Paris, Palmé*, 1867, in-8, demi-rel. veau vert.

Première édition.

118. Les Apophtegmes, ce est a dire, promptz, subtilz, et sententieux dictz de plusieurs Roys, chefz d'armées, philosophes et autres grands personnaiges, tant grecz que latins. Translatez de latin en françoys, par l'esleu Macault, notaire, secretaire et ualet de chambre du Roy. *A Paris, en la rue neufue nostre dame a l'enseigne sainct Iehan Baptiste, pres saincte Geneuiesue des ardans : par Iehanne de Marnef uefue de Denys Ianot*, 1545, pet. in-12 de 8 ff. non chiffrés, de 374 ff. chiffrés et de 4 ff. de table non chiffrés, mar. br. fil. à fr. orn. sur les plats, dos orné, dent. int. tr. dor. (*Chambolle-Duru.*)

119. Ori Apollinis niliaci, de sacris Ægyptiorum notis, aegyptiae expressis, libri duo, in latinum et gallicum sermonem conversi (latin et françois). *Parisiis, apud Galeotum à Prato, et Ioannem Ruellium : via Iacobaea*, 1574, pet. in-8 de 8 ff. prélim. et 107 ff. chiffrés, figures en bois,

mar. br. fil. enc. à fr. dos orné, dent. int. tr. dor. (*David.*)

Bel exemplaire.

Le texte grec n'est pas dans cette édition, qui reproduit les gravures de celle de 1551, avec quelques additions et un joli frontispice.

120. Amoris divini emblemata, studio et aere Othonis Vaeni concinnata. *Antuerpiae, ex officina plantiniana Balthasaris Moreti,* 1660, in-4, cart. non rog. (*Bel exemplaire.*)

Ouvrage orné de 60 planches gravées. Texte latin, hollandais et français.

121. Devises heroïqves, par M. Claude Paradin, chanoine de Beaujeu. *A Lion, par Ian de Tovrnes, et Gvil. Gazeav,* 1557, *avec privilege du Roy,* in-8 de 261 pp., avec 180 gravures sur bois, mar. brun, fil. et ornem. à fr. fil. int. tr. dor. (*Gruel.*)

Édition originale, très bel exemplaire.

122. Le Theatre des bons engins, auquel sont contenuz cent Emblemes moraulx. Composé par Guillaume de La Perriere, Tolosain : Et nouuellement par iceluy limé, reueu et corrigé. Auecq' privilege. *De l'imprimerie de Denys Ianot* (avec priuilège en date du dernier janvier 1539), pet. in-8, fig. demi-rel. (*Mouillures.*)

Selon toute apparence, cette édition est la première de ces emblèmes, qui renferme des figures; on y compte 107 ff. non chiffrés, dont 6 prélim. Il y a 100 fig. en bois, et vis-à-vis de chacune un dizain renfermé dans une bordure.

Manquent les feuillets Aviii. Nvii. Oi.

VII. ÉPISTOLAIRES. — POLYGRAPHES

123. Themistoclis epistolae (grec. et latin.), ex vetusto codice bibliothecae vaticanae nunc primum erutae et latinitate donatae, interprete Jo.-Matth. Caryophilo. *Romae, apud Ludouicum Grignanum*, 1626, in-4 de 70 ff. et 1 pour les errata, rel. vélin, fil. or, dos orné, tr. r. (*Rel. anc. avec armoiries.*)

124. **LETTRES CHOISIES** du sieur de Balzac. *A Amsterdam, chez les Elzeviers*, 1678, pet. in-12, front. gravé, mar. bl. jans. dent. int. non rog. (*Motte, successeur de Trautz-Bauzonnet.*)

Très bel exemplaire, très rare en pareille condition. Willems n° 1541.

125. Lettres de Marie Rabutin-Chantal, marquise de Sévigné, à madame la comtesse de Grignan, sa fille. *S. l.* 1726, 2 tomes en 1 vol. in-12, titre rouge et noir, mar. r. jans. dent. int. tr. dor. (*Cuzin.*)

Bel exemplaire, d'une des éditions originales sous cette date.

126. Les Œuvres diverses du sieur de Balzac, augmentées en cette édition de plusieurs pieces nouvelles. *A Amsterdam, chez Daniel Elzevier*, 1664, pet. in-12, front. gravé, mar. bl. jans. NON ROG. (*Trautz-Bauzonnet.*)

Très bel exemplaire. Willems, n° 1333.

127. Les Entretiens de feu monsieur de Balzac. *A Amsterdam, chez Louys et Daniel Elzevier,* 1663, pet. in-12, front. gravé, mar. bl. jans. dent. int. non rog. (*Motte.*)

Très bel exemplaire. Willems, n° 1297.

128. SOCRATE CHRESTIEN, par le sieur de Balzac et autres œuvres du même auteur. *Arnhem, chez Frédéric Huagen,* 1675, pet. in-12, front. gravé, mar. bl. jans. dent. int. NON ROG. (*Motte, successeur de Trautz-Bauzonnet.*)

Très bel exemplaire. Willems, n° 1709.

HISTOIRE

I. HISTOIRE DES RELIGIONS
HISTOIRE ROMAINE

129. Le Monde chrétien ov la fin de la persecvtion sous l'Empire de Constantin. Ouvrage heroyqve, qvi comprend, dans ses diverses histoires, l'explication de tovtes les sciences qui y entrent par incidens. Dédié à la Reyne Mère, par le sieur de la Barre. *A Paris, chez Gabriel Quinet,* 1666,

2 vol. in-4, mar. r. fil. petits fers, dos orné, tr. dor. (*Rel. anc.*)

Aux armes du cardinal Mazarin. Jolie reliure ancienne bien conservée.

130. L'Histoire de l'Eglise metropolitaine de Reims, premierement escrite en latin (non encores imprimé) par Floard iadis chanoine d'icelle Eglise ; et maintenant traduite en françois, par Nicolas Chesneau, doyen et chanoine de S. Symphorian audit Reims. Édition première. *A Reims, imprimée par Iean de Foigny,* 1580, in-4 de 12 ff. prélim. 207 ff. chiffrés, 8 ff. de table non chiffrés, 1 f. pour le sonnet à M. Chesneau par Nicolas Iabot Remois, et pour le privilège du Roy, rel. vélin blanc. (*Lemardeley.*)

Annotations à l'encre sur la marge supérieure.

131. LETTRES ET MEMOIRES DE FRANÇOIS DE VARGAS, de Pierre de Malvenda, et de quelques évêques d'Espagne touchant le Concile de Trente, traduits de l'Espagnol, avec des remarques, par Michel Le Vassor. *Amsterdam, Pierre Brunel,* 1699, in-8, front. gr. et portr. de Guill. Trumbull, v. f. fil. tr. dor.

Exemplaire DE LONGEPIERRE, avec la Toison d'or.

132. Essai sur l'histoire naturelle de quelques espèces de moines, décrites à la manière de Linné. Ouvrage traduit du latin et orné de figures, par Jean d'Antimoine, naturaliste du Grand

Lama. *A Monachopolis,* 1784, in-8, mar. La Vall. jans. dent. int. tr. dor. (*Hardy.*)

Édition originale.
Bel exemplaire orné d'une figure et de 3 planches.

133. Notizia compendiosa della vita di S. Vittorino confessore, descritta dal conte Lvcido Sparapani da Camerino nell' anno 1701. Dedicata alla Santità di N. S. Papa Clemente XI dal medesimo conte Lucido Sparapani. *In Pesaro,* 1702, *appresso Domenico, e Fratelli de Gotti,* in-4, fig. mar. r. fil. comp. dos orné, tr. dor. (*Rel. anc.*)

Bel exemplaire aux armes du pape Clément XI.

134. Les Grâces (recueil de différents ouvrages sur les Grâces, publié par Meusnier de Querlon, précédé d'une dissertation par l'abbé Massieu et suivi d'un discours par le P. André). *Paris, Prault,* 1769, gr. in-8, fig. v. marb. fil. dos orné, tr. marb.

Exemplaire en grand papier, orné d'un titre gravé par Moreau, frontispice par Boucher, et 5 figures par Moreau.

135. Abrégé de l'histoire romaine, orné de 49 estampes gravées en taille-douce avec le plus grand soin, qui en représentent les principaux sujets (par l'abbé Cl.-Fr.-Xav. Millot). *Paris, chez Nyon,* 1789, in-4, mar. r. dent. dos orné, tr. dor.

Bel exemplaire.
Ouvrage orné d'un frontispice, par Piauger, gr. par Tardieu, et de 48 figures par Saint-Aubin, Gravelot, Eisen, etc.

II. HISTOIRE DE FRANCE

136. **Histoire dv chevalier Bayard, lievtenant général povr le Roy av govvernement de Daulphiné, et de plvsieurs choses memorables advenves en France, Italie, Espagne, et és Pays bas, du regne des Roys Charles VIII, Louys XII et François I, depuis l'an 1489, iusques à 1524. Seconde édition** (par Théodore Godefroy). *Paris, Abraham Pacard,* 1619, in-4, portrait, mar. rouge, fil. dos orné, tr. dor. (*Rel. anc.*)

137. **Entier Discovrs des choses qvi se sont passees en la reception de la Royne, et mariage du Roy, a messeignevrs les dvcs d'Aniou et d'Alançon, freres de sa Maiesté, par Papirius Masson, natif du pays de Forestz.** *A Paris, de l'imprimerie de Nicolas du Mont,* 1570, *auec priuilege,* pet. in-8 de 24 ff. non chiffrés, sign. *a.-f.* (*Lavé et encollé, préparé pour la reliure.*)

138. **BREF ET SOMMAIRE RECUEIL** de ce qui a esté faict, et de l'ordre tenüe à la ioyeuse et triumphante Entree de tres-puissant, tres-magnanime et tres-chrestien Prince Charles IX, de ce nom Roy de France, en sa bonne ville et cité de Paris, capitale de son Royaume, le Mardy sixiesme iour de Mars, avec le Covronnement de tres-haute, tres-illustre et tres-excellente Princesse Madame Elizabet d'Austriche son

espouse, le Dimanche vingtcinquiesme, et Entree de ladicte Dame en icelle ville le Ieudi XXIXe dudict mois de Mars **M. D. LXXI.** *A Paris, de l'imprimerie de Denis du Pré, pour Oliuier Codoré*, 1572, *avec privilege du roy*, in-4, fig. mar. olive, fil. comp. dos orné, dent. int. tr. dor. (*Chambolle-Duru.*)

Très bel exemplaire.

Le Couronnement... et l'Entrée de la Reine ne se trouvent pas dans le volume.

139. Histoire du roy Henry le Grand, composée par messire Hardouin de Perefixe, evesque de Rodez, cy-devant precepteur du roy. *A Amsterdam, chez Anthoine Michiels*, 1661, pet. in-12 de 12 ff. limin. 438 pp. 1 f. blanc, front. gr. mar. vert, fil. dos orné, dent. int. tr. dor. (*Derome.*)

Bel exemplaire. Charmante reliure signée : Derome.

140. La Mort de la France, ov la France en croix, avec la Consolation au pauvre peuple affligé. *S. l.*, 1623, 16 pp. — La France mourante, consultation historique à trois personnages. *Se trouve chez tout le monde, et principalement à l'Hospice de la rue de Grenelle-Saint-Germain*, 63 pp. — La Chemise sanglante de Henry le Grand, attribuée au ministre Perisse, 8 pp. — Ensemble 1 vol. pet. in-8, veau porph. dent. dos orné.

141. Memoires de la roine Margverite (publiés par Auger de Moléon, seigneur de Granier). *A Paris, par Ch. Chappellain*, 1628, pet. in-8, mar.

vert, fil. dos orné, dent. int. tr. dor. (*Chambolle-Duru.*)

Édition originale de ces mémoires ; on y trouve, parmi les pièces liminaires, un errata et un privilège qui ne font pas partie de la réimpression faite sous la même date.

Bel exemplaire. On y a ajouté un portrait de Marguerite de Valois, gravé par Harrewyn en 1719.

142. Mascarades et Farces de la Fronde (en 1649). *Turin, chez J. Gay et fils,* 1870, pet. in-12, pap. vergé, demi-rel. dos et coins de v. f. fil. à fr. tête dor. non rog.

Réimpression tirée à 110 exemplaires numérotés.

143. Mémoires du duc de La Rochefoucauld, augmentés de la première partie jusqu'à ce jour inédite, et publiée sur le manuscrit de l'auteur. *Paris, A. Renouard,* 1817, 2 parties en 1 vol. in-12, demi-rel. veau vert, non rog.

Bel exemplaire sur papier vélin, avec 8 portraits de A. Saint-Aubin, épreuves à la lettre grise.

144. Memoires de M. D. L. R. (François de La Rochefoucauld) sur les Brigues a la mort de Louys XIII, les Guerres de Paris et de Guyenne, et la Prison des Princes, etc. — Memoires de M. de La Chastre. *A Cologne, Pierre Van Dyck,* 1664, pet. in-12 réglé, mar. br. fil. dos orné, tr. dor. (*Rel. anc.*)

145. La Vie de madame la duchesse de Longueville (par Bourgoin de Villefore). *S. l.,* 1738, 2 part. en 1 vol. in-12, v. gr.

146. La Vie du vicomte de Turenne, Maréchal Général des Camps et Armées du Roi... par M. du Buisson, capitaine et major du regiment de Verdelin. *A Cologne, chez Jean de Clou*, 1685, in-12, front. gr. mar. r. fil. dos orné, tr. marb. (*Rel. anc.*)

147. Relations diverses contenant la journée de Nimègue et tout ce qui s'est passé depuis ce jour-là à l'armée de Monseigneur le duc de Bourgogne. La suite du journal de l'armée du Roy en Italie. La suite du journal de tout ce qui s'est passé à Naples pendant le séjour de Sa Majesté Catholique, et son départ pour le Milanez, dédiées à Monseigneur le duc de Bourgogne. *Paris, Michel Brunet,* 1702, 4 parties en 1 vol. in-12, mar. r. fil. dos orné, tr. dor. (*Rel. anc.*)

Aux armes de Louis-Auguste de Bourbon.

148. La Duchesse de Châteauroux et ses sœurs, par Edmond et Jules de Goncourt. Nouvelle édition revue et augmentée de lettres et documents inédits. *Paris*, *Charpentier*, 1879, in-12, br.

Exemplaire en grand papier de Hollande.

149. Mémoire secret des Amours de Louis XV, ou anecdotes curieuses de la vie de Madame de Pompadour avec luy. *A Londres,* 1772, pet. in-4 de 171 ff. chiffrés, demi-rel. veau, tr. rouge. (*Rel. du temps.*)

Manuscrit du XVIIIe siècle, d'une belle écriture, très bien écrit et avec vérité. On y a ajouté le portrait de

Mme de Pompadour par Queverdo, gravé par Le Beau, et celui de Louis XV, gravé par Hubert.

Exemplaire provenant de la bibliothèque de M. le marquis de Quincise-Saint-Maurice, avec son cachet à la cire sur le titre.

150. Madame de Pompadour, par Edmond et Jules de Goncourt. Nouvelle édition revue et augmentée de lettres et documents inédits. *Paris, Charpentier,* 1878, in-12, br.

Exemplaire en grand papier de Hollande.

151. La Du Barry, par Edmond et Jules de Goncourt. Nouvelle édition revue et augmentée de lettres et documents inédits. *Paris, Charpentier,* 1878, in-12, br.

Exemplaire sur grand papier de Hollande.

152. Principaux événemens de la Révolution, et notamment de la semaine mémorable, représentés par douze figures en taille-douce, très bien exécutées. Avec un précis historique (par Ducray du Minil). *A Paris, l'an deuxième de la liberté,* in-8, figures de Binet, broché.

Ouvrage rare.

153. Étrennes géographiques, 1760. *A Paris, chez Ballard, imprimeur du Roi,* in-16, front. et titre gr. avec 26 cartes color. grav. par Durand, mont. sur onglets, mar. r. fil. dos orné, tr. dor. (*Rel. anc.*)

154. La Grand'monarchie de France, composee par mess. Claude de Seyssel lors euesque de Marseille, et depuis archevesque de Thurin,

adressāt au Roy François premier de ce nom. Avec privilège. *A Paris, par Galiot du Pré,* 1557, pet. in-8 de 8 ff. prélim. et 80 ff. chiffrés, rel. vélin, fil. or, tr. dor. (*Rel. du temps.*)

155. Annales de Bovrgogne, par Guillaume Paradin de Cuyseaulx. Auec une table des choses memorables contenues en ce present livre. *A Lyon, par Antoine Gryphius,* 1566, in-fol. front. gr. mar. r. fers à fr. sur les plats. (*Rel. anc.*)

Raccommodage dans le fond de la marge au premier feuillet de l'épistre, et quelques mouillures ; un morceau de maroquin enlevé sur le plat supérieur de la reliure.

156. Le Parlement de Bovrgogne, son origine, son établissement et son progrès. Avec les noms, svr-noms, qvalités, armes et blasons, des Présidents, Chevaliers, Conseillers, Advocats, et Procureurs Generaux, et Greffiers, qui y ont esté iusques à present, par Pierre Palliot, Parisien, imprimeur du Roy... *A Dijon, chez ledit Palliot,* 1649. — Continuation de l'histoire du Parlement de Bourgogne, depuis l'année 1649 jusqu'en 1733. Contenant les noms, surnoms, qualités, armes et blasons des Présidents, Chevaliers, Conseillers, Avocats et Procureurs Généraux, et Greffiers, qui y ont été reçus dans cet intervalle. Avec un Précis des Édits et Déclarations du Roi portant création de charges en ce Parlement, et des Réglements de la Cour,

par le sieur François Petitot. *Dijon, chez Ant. de Fay,* 1733. — Ensemble 1 vol. in-fol. nombr. blasons, veau marb. — Histoire du Parlement de Bourgogne de 1733 à 1790, complétant les ouvrages de Paillot et de Petitot, et renfermant l'état du Parlement depuis son établissement, selon l'ordre de la création et de la succession des charges, par A.-S. Des Marches. *Chalon-s.-S., J. Dejussieu,* 1851, in-fol. blasons, broché.

III. HISTOIRE DES PAYS ÉTRANGERS

157. La Conjuration du comte Jean-Louis de Fiesque (par le cardinal de Retz). *A Paris, chez Claude Barbin*, 1665, in-12, mar. bl. fil. dos orné, dent. int. tr. dor. (*Chambolle-Duru.*)

Édition originale, bel exemplaire.

158. Tableaux topographiques, pittoresques, historiques, moraux, politiques et littéraires de la Suisse, par le baron de Zurlauben (publiés par J.-B. de La Borde), avec la table analytique par Quétant. *Paris,* 1780-86, 2 tomes en 4 parties, plus 2 vol. de planches. Ensemble 6 vol. in-fol. demi-rel. bas. marb. à coins, tr. roug.

Ouvrage exécuté aux frais et par les soins de M. de Laborde, orné de 430 estampes, sous 278 numéros, dessinées par MM. Pérignon, Le Barbier, etc., et gravées par MM. Née, Masquelier, etc.

159. Monumenta Paderbornensia ex historia romana, franciaca, saxonica, eruta et novis inscriptionibus, notis, ac figuris illustrata, editio altera, priori auctior. *Amstelodami, apud Danielem Elzevirium,* 1672, pet. in-4, fig. rel. vélin.

Willems, n° 1473. Rare.

Ce volume contient le tirage à part des gravures de *Monumenta Paderbornensia.*

Les gravures de R. de Hooghe, d'après Rudolphi, sont très bonnes d'épreuves.

Deux beaux portraits gravés par A. Blotelingh, et titre gravé par Visscher.

160. Annales du règne de Marie-Thérèse, impératrice douairière, reine de Hongrie et de Bohême, archiduchesse d'Autriche, dédiées à la reine, par M. Fromageot. *Paris, Prault fils,* 1775, in-8, portr. et fig. veau marb. fil. dos orné, tr. marb. (*Mouillures.*)

Édition originale, ornée de 1 portrait par Ducreux, gravé par Catelin, 2 portraits en médaillon gravés par Gaucher, en tête de la dédicace, gravée par Moreau, et 4 figures par Moreau, gravées par Duclos, de Launay, Prévost et Simonet.

Un des chefs-d'œuvre de Moreau. Les deux médaillons représentent Joseph II et Marie-Antoinette. Ce dernier portrait est ravissant.

161. **HISTOIRE DE BAVIERE** qui traitte de l'origine des peuples, qui les premiers habitèrent la Bavière, du commencement et du progres de la Religion et des Princes, qui ont regné jusqu'à Charlemagne, par le sieur Blanc, conseiller et historiographe du duc de Savoye. *Paris, veuve*

Mlle de Beaujeu, 1680, 4 vol. in-12, frontispices gr. mar. r. fil. dos orné, tr. dor.

Aux armes de CHARLOTTE-ÉLISABETH DE BAVIÈRE. Belle reliure ancienne bien conservée.

162. Histoire de la guerre de Chypre, écrite en latin, par Antoine-Maria Gratiani, evesque d'Amelia, et traduite en françois, par M. Le Peletier, prieur de Saint-Gemme et de Poüencé. *Paris, André Pralard,* 1685, in-4, veau marb. fil. dos orné, tr. r.

Aux armes de la marquise de Pompadour.

IV. CHEVALERIE. — ANTIQUITÉS BIOGRAPHIE. — BIBLIOGRAPHIE

163. LES ORDONNANCES DE L'ORDRE DE LA TOISON D'OR. *S. l. n. d.* (*vers* 1560), in-4, vélin, fil. dos orné, tr. dor.

Seconde édition.

Exemplaire sur PEAU DE VÉLIN. Jos. Van Praet. (Catal. des livres impr. sur vélin de la Biblioth. du roi) a décrit trois éditions différentes de ces ordonnances, impr. chez Plantin sans date, et dont il existe des exemplaires sur vélin. La première vers 1550, petit in-folio. La seconde (celle-ci) de format in-4, bien imprimée, a paru vers 1560; elle a 7 ff. prélim. où, après le titre, se voient les armes des ducs de Bourgogne, celles d'Espagne et le collier de la Toison d'or, gravés. 52 pp. de texte, suivies des additions, contenant 21 chapitres, pp. 53 à 83.

164. Almanach des Chevaliers de l'ordre de saint Hubert pour l'année 1778, petit in-8, blasons,

mar. r. dent. sur les plats, dos orné, tr. dor. (*Rel. anc.*)

Aux armes de l'épouse de Charles Théodore, grand maître de l'ordre.

Bel exemplaire, contenant les blasons des grands maîtres, depuis la fondation de l'ordre en 1444.

165. De Re vestiaria, vascularia et nauali; ex Bayfio, in adolescentulorum, bonarum literarum studiosorum, gratiam. *Lvtetiae, apud Carolum Stephanum, typographum regium,* 1553, in-8 de 189 pp. chiffrées et 26 de table n. chiff. figures en bois, rel. vélin.

166. La Vie de Cassiodore, chancelier et premier ministre de Theodoric le Grand et de plusieurs autres rois d'Italie, ensuite abbé de Viviers. Avec un abrégé de l'histoire des princes qu'il a servis, et des remarques sur ses ouvrages (par Denys de Sainte-Marthe). *Paris, chez J.-B. Coignard,* 1694, in-12, mar. r. fil. dos orné, tr. dor. (*Rel. anc.*)

Aux armes de Louis Boucherat, chevalier, comte de Compans.

167. La Fameuse Comedienne ou Histoire de la Guerin auparavant femme et veuve de Molière. Réimpression conforme à l'édition de Francfort, 1688, suivie des variantes des autres éditions et accompagnée d'une préface et de notes par Jules Bonnassies. *Paris, Barraud,* 1870, in-12, portr. sur chine, broché.

Exemplaire sur papier vergé.

168. Bibliographie moliéresque, par Paul Lacroix (bibliophile Jacob), seconde édition, revue, corrigée et considérablement augmentée. *Paris, Aug. Fontaine,* 1875, in-8, portr. broché.

169. Les Gazettes de Hollande et la Presse clandestine aux XVIIe et XVIIIe siècles, par Eugène Hatin, eau-forte de Ulm. *Paris, Pincebourde,* 1865, in-8, broché.

Exemplaire sur papier de Hollande.

Paris. — Typ. G. Chamerot, 19, rue des Saints-Pères. — 16975.

Nous prions Messieurs les Amateurs et Libraires qui désireraient recevoir, par la suite, nos **CATALOGUES A PRIX MARQUÉS** et nos **CATALOGUES DE VENTES PUBLIQUES** de bien vouloir nous transmettre leur adresse exacte. Néanmoins nous ne garantissons l'envoi régulier de nos catalogues qu'aux personnes qui nous honorent parfois de leurs ordres.

www.ingramcontent.com/pod-product-compliance
Ingram Content Group UK Ltd.
Pitfield, Milton Keynes, MK11 3LW, UK
UKHW022137260726
13993UKWH00003B/1495